AF337908

LES CRIMES

DE

LA MONARCHIE

PAR

PIERRE VALIN

Prix : **10** Centimes

LYON-1877

—

En vente chez les Libraires.

—

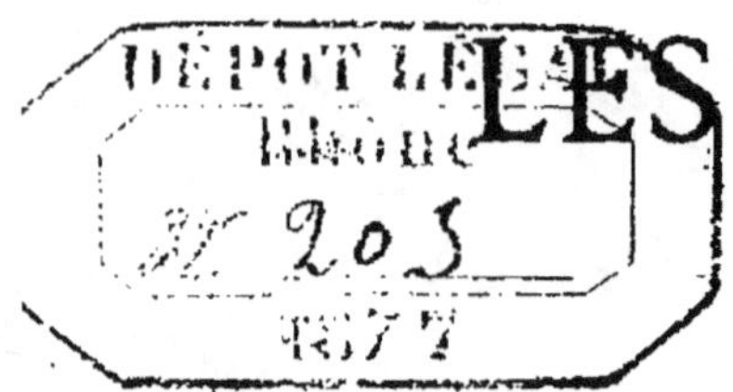

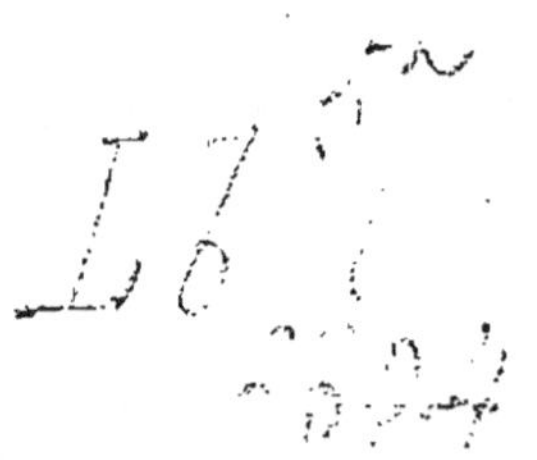

II

LES CRIMES DE LA MONARCHIE

Mon cher Jean Guêtré,

Une idylle patriarcale dans un cadre enguirlandé de feuilles de chêne et d'olivier, un père de famille plein de sollicitude pour ses nombreux enfants sur lesquels il règne avec douceur, ou bien encore un dévoué et attentif berger ne tondant point trop ras ses chères brebis, veillant nuit et jour sur elles pour les garantir des loups, voilà le tableau séduisant, mais peu exact, que des écrivains courtisans et flagorneurs ont fait de la monarchie.

Sur un fond des plus noirs, des embrasements sinistres, des éclairs de poignards d'assassins, des reflets de haches des bourreaux, des forêts de gibets, des tours sombres, des bastilles horribles au bord de fleuves teints de sang, des montagnes de victimes entassées pantelantes, des processions sans fin de spectres grimaçants ayant un geste de malédiction, des peuples entiers de misérables souffreteux ou d'abjects esclaves, puis, trônant sur le tout et couronnés glorieusement, le meurtre hideux, la louche trahison, le parjure éhonté accouplés à l'avide ambition, à la vanité sans bornes, à la débauche pourrie sous des formes opulentes, à tous les appétits immondes ou monstrueux, voilà, d'autre part, le tableau de la monarchie qu'on trouve dans nos historiens les plus autorisés.

Tu le vois, mon cher Jean Guêtré, la réalité historique ne ressemble guère à la légende.

Nos monarques, même ceux que la flatterie a décorés des épithètes de grand, auguste, sage, pieux, saint, dieudonné, bon, bien-aimé, père du peuple, ne furent en général que de bien méchants et tristes sires. Un écrivain consciencieux l'a dit : « Dans la longue liste de nos rois, on en compte à peine deux ou trois qui méritent l'estime et la reconnaissance de la nation. »

Il faut convenir qu'il n'est pas gibier de cour d'assises auquel on puisse reprocher autant de crimes qu'à nos premiers monarques, les Mérovingiens. Tropmann fut un petit saint en comparaison des Clovis, des Clotaire, des Chilpéric, etc. J'arrête la nomenclature, car il faudrait les citer presque tous, à l'exception des rois fainéants, qui, sans énergie pour le mal ni le bien, se contentèrent de vivre comme porcs à l'engrais, dans leur maison de plaisance de Maumaque, au bord de l'Oise, livrant la France au bon plaisir des maires du palais.

Parmi les Carlovingiens, Charlemagne, la gloire de cette race, commit le crime d'inaugurer les guerres de religion : Tout à la fois dévot et dissolu, entouré de concubines et de moines, Charlemagne devait être intolérant et cruel. Il entreprit de faire catéchiser par le fer et le feu les Saxons idolâtres. Ses missionnaires cuirassés traquèrent ces peuples comme des bêtes fauves dans leurs immenses forêts, où, rapporte un auteur ancien, « l'écureuil courait les arbres sept lieues sans descendre. » Le sang ruissela, l'incendie s'alluma. En même temps, Charlemagne, précurseur de Torquemada, établit des tribunaux d'inquisition pour punir les relaps.

Dans la voie théocratique, il ne s'arrêta pas en si beau chemin et alla jusqu'à livrer la nation française à l'assujettissement le plus complet de l'Eglise. Il subordonna absolument son pouvoir au pape, aux évêques, aux abbés, aux moines.

Ce n'est pas tout, il confirma dans ses *Capitulaires*, code du moyen âge, l'institution de la dîme, qui devait faire tant de misérables pendant des siècles, et favorisa l'extension du servage, couronnement de son règne néfaste dont les institutions copiées de l'empire romain décrépit, animées du souffle d'un byzantisme et d'un cléricalisme impuissants ; semblaient faites exprès pour amener la prompte décadence de la nation, l'émiettement et l'envahissement de la France.

Plus moines que rois, « idiots couronnés, » dit Frédéric Morin, les successeurs de Charlemagne aggravèrent encore l'état des choses. Charles le Chauve permit à l'Eglise de tels empiétements, qu'à cette époque le vrai roi fut l'archevêque de Rheims, Hincmar.

Livré à la théocratie, un pays est bientôt perdu ; aussi, le règne des Carlovingiens porta-t-il ses fruits de malheur, auxquels ne put remédier l'avénement du grossier Hugues Capet, fils d'un boucher de Paris, et encore moins celui du pieux roi Robert, lequel « passa sa vie au lutrin et se consola des misères des peuples en écrivant en mauvais vers latins des cantiques ornés de calembours. »

Le pays tomba dans une détresse épouvantable. « On vit les hommes mêler la terre à la farine, les forêts s'épaissirent entre la Seine et la Loire, une bande de trois cents loups courut l'Aquitaine sans que personne osât l'arrêter. Les bêtes fauves semblaient prendre possession de la France.» Les pirates, les hordes pillardes l'envahirent de tous côtés.

Devant l'impuissance de la théocratie et d'un fantôme de

roi à défendre le pays, la féodalité prit naissance ; de toutes parts, aux défilés des montagnes, aux passes des fleuves, les seigneurs bâtirent des châteaux-forts qui servaient de refuges aux populations harcelées par les barbares, mais qui devinrent bientôt malheureusement les repaires des odieuses tyrannies et des insupportables exactions féodales, dont je t'ai, mon cher Jean Guêtré, présenté le tableau dans les *Péchés mignons de la République.*

Ainsi, la misère de la nation fut plutôt aggravée que diminuée par la greffe de la féodalité sur la théocratie. C'était un remède sinon pire que le mal, mais qui l'égalait tout au moins.

Dans l'excès de cette misère, vers l'an mil, la croyance à la fin du monde devint générale.

« Cette fin d'un monde si triste était tout ensemble l'espoir et l'effroi du moyen âge, dit Michelet.

« L'empire romain avait croulé, celui de Charlemagne s'en était allé aussi ; le christianisme avait cru d'abord devoir remédier aux maux d'ici bas, et ils continuaient. Malheur sur malheur, ruine sur ruine, il fallait bien qu'il vînt autre chose, et l'on attendait. Le captif attendait dans le noir donjon, dans le sépulcre *in pace*; le serf attendait sur son sillon, à l'ombre de l'odieuse tour ; le moine attendait dans les abstinences du cloître, dans les tumultes solitaires du cœur, au milieu des tentations et des chutes, des remords et des visions étranges, misérable jouet du diable qui folâtrait autour de lui, et qui, le soir, tirant sa couverture, lui disait gaîment à l'oreille: « Tu es damné ! »

« Tous souhaitaient sortir de peine, et n'importe à quel prix. Il leur valait mieux tomber entre les mains de Dieu et reposer à jamais, fût-ce sur une couche ardente. Il devait d'ailleurs avoir aussi son charme, ce moment où l'aigre et déchirante trompette de l'Archange percerait l'oreille des tyrans. Alors du donjon, du cloître, du sillon, un rire terrible eût éclaté au milieu des pleurs. »

Frédéric Morin, de même que Michelet, donne une explication saisissante de cette croyance à la fin du monde, dans laquelle des historiens n'ont voulu voir que la conséquence bizarre de certains textes de l'Ecriture mal interprétés. Voici ce qu'il dit :

« Tout lien civil étant brisé, tout étant devenu féodal, même le clergé, le gendarme étant non-seulement propriétaire et souverain, mais encore pontife, les orgies de la force brutale s'ébattaient de chaque château, de chaque monastère, de chaque tour, de chaque clocher, accompagnées de toutes les superstitions de l'esprit, de toutes les dépravations du cœur, de toutes les grossièretés de la débauche, sans compter la peste tous les cinq ans et la famine en permanence.

« Au milieu de ces misères, la France se sentit si menacée, si affaiblie, si loin de tout remède et même de toute espérance, qu'elle crut sa dernière heure venue. . . . . .

« L'effroi fut prodigieux d'intensité , il fut universel...... Les châteaux, les cabanes, les rues, tout retentissait au loin de ce cri sinistre : *Le soir du monde approche!* »

Voilà dans quel bel état la monarchie, à son printemps, avait mis la France.

Les Capets régnèrent pendant les siècles suivants sans faire moins de mal que les Carlovingiens. « A moitié hobereaux, à moitié bedeaux, dit l'auteur de la *France au moyen âge*, les Capets flottèrent entre les mœurs féodales et les habitudes monastiques, c'est-à-dire entre les brigandages et les patenôtres.

« Ces rois de France ne dédaignaient pas de détrousser

au coin des bois les marchands qui se rendaient en foire.

« Henri Ier et Philippe Ier varièrent un peu la scène. Le premier se battit avec sa mère ; le second mêla gracieusement les adultères au brigandage. »

Il faut ajouter que Philippe-Auguste fut le complice de l'abominable massacre des Albigeois, dont le crime était d'avoir dépouillé les superstitions religieuses et d'être dévoués à leurs libertés municipales.

Louis VIII voulut rougir ses propres mains du sang de ces malheureux, et fit en personne le sac d'Avignon et de plusieurs villes du Languedoc.

Saint Louis, lui-même, trempa dans le massacre des Albigeois ; il envoya ses frères contre eux.

Philippe-le-Bel se fit faux monnoyeur ; il altéra les monnaies trente-quatre fois au minimum, et cela ne suffisant point à satisfaire son avidité, il fit torturer et brûler les Templiers pour s'emparer de leurs trésors. Il tenta de rapiner dans les Flandres, mais les artisans de Bruges se défendirent et firent un mauvais parti à sa noblesse.

Après les Capets, les Valois. Ceux-ci leur crime capital, entre bien d'autres, ce fut de livrer la France aux Anglais par leur impéritie, leur imprévoyance et leur lâcheté. Sauf par Napoléon III, à Sedan, nos armes ne furent jamais déshonorées autant qu'elles le furent à Crécy par Philippe VI, le premier Valois ; à Poitiers, par Jean, dit le *Bon* — on n'a jamais su pourquoi — qui mit la France à la discrétion du Prince Noir, comme Napoléon III la mit à celle de Bismark.

Les monarques Valois firent si bien que les trois quarts de la France appartenaient aux Anglais sous Charles VI, ce misérable fou tombé en démence, non par suite d'une apparition dans la forêt d'Orléans, mais bien par l'effet de ses monstrueuses débauches et des vapeurs du sang qu'il avait fait couler à flots à Paris et en province pendant cinq ans pour exterminer le parti démocratique, qui, depuis Etienne Marcel, s'agitait pour la conquête de quelques libertés, des droits du Tiers-Etat et l'organisation des communes, seule garantie contre les abus royaux et féodaux.

Le royaume de France était réduit à si peu de chose lors de l'avénement de Charles VII que, par ironie, on appela celui-ci *le roi de Bourges.* Heureusement Jeanne-d'Arc surgit et chassa les Anglais. Charles VII, en retour, ne fit rien pour arracher au bûcher cette héroïque et touchante pastourelle, qui venait de sauver la nation et la couronne.

Auprès des premiers Valois, qui mirent la France à deux doigts de sa perte, les suivants paraissent moins odieux ; même le sombre châtelain de Plessis-les-Tours, l'implacable et cruel Louis XI, qui avait fait planter de gibets l'avenue de sa résidence ; même François Ier, ce roi de la parade, ce héros de théâtre, qui se laissa insouciamment faire prisonnier dans une villa d'Italie, où parmi les marbres et les jardins, les fleurs et les amours faciles, il oublia qu'il avait la responsabilité d'une armée et d'un peuple ; même le roi dissolu des mignons, Henri III, qui fit assassiner Guise, mais du moins ne livra point la France à l'étranger.

Il est cependant un des derniers Valois qui ne peut-être moins exécré que les premiers, c'est Charles IX, le complice de la sinistre Catherine de Médicis dans la Saint-Barthélemy, qui fit ruisseler le sang à Paris, à Lyon et presque partout dans la province « sauf dans les villes où quelques gouverneurs, ayant horreur de l'assassinat, désobéirent aux ordres de la cour. »

faut pas oublier que ce hideux Charles IX arquebusait lui-même ses sujets, du haut d'un balcon du Louvre, dans l'horrible nuit du 24 août.

Parlons maintenant de la dernière race royale, sans nous arrêter sur les fautes qu'on peut reprocher à Henri IV et Louis XIII, et qui ne sont que peccadilles auprès des crimes des autres Bourbons, à commencer par Louis XIV.

« L'homme qui a fait le plus de mal à la France, c'est Louis XIV, dit Pelletan.

« Pour régner en paix, il fit la guerre. Si le roi laissait l'épée au fourreau, disait-on, il cesserait de régner. Louis XIV mit donc sans cesse l'Europe à feu et à sang, tantôt sous un prétexte, tantôt sous un autre, mais, en réalité, pour chercher sur le champ de bataille, un nouvel abonnement au despotisme.

« Il croyait le prestige de la gloire indispensable à la consolidation de sa puissance. Il commandait donc de temps à autre son armée en personne, c'est-à-dire qu'il suivait la campagne à distance, mollement assis dans son carrosse. Condé remportait la victoire et Louis XIV en confisquait l'honneur. »

Tant de gloire coûta plusieurs millions d'hommes, et on ne sait au juste combien de milliards.

Cependant le « roi Soleil » ne se contenta point de faire sentir à l'étranger le poids de son épée ; il fit la guerre à son peuple même, qui regimbait quelque peu sous son despotisme. Lyon, Marseille, Bordeaux, vingt autres villes, plusieurs provinces, surtout la Bretagne, eurent à faire à sa soldatesque, dont les excès épouvantables atteignirent, dans la guerre civile, à des proportions qu'ils dépassèrent à peine dans la guerre religieuse des *Dragonnades*, lesquelles firent plus de cent mille victimes coupables de ne point croire à la « transsubstantiation de la divinité dans le pain de l'hostie, » ainsi que l'ordonnait le décret de révocation de l'édit de Nantes.

En royal soudard, menant de front la gloire et les amours, Louis XIV fut au moins aussi galant que guerrier, et ses prouesses d'alcôve ne coûtèrent pas beaucoup moins à la France que ses moissons de lauriers.

Ses premières conquêtes ne furent pas les plus onéreuses; l'histoire ne dit pas que Mme de Monaco se montra très-exigeante ; quant à La Vallière, « cette modeste violette » une toilette de cour, quelque argent de poche, un titre de duchesse et la terre de Vaujours lui suffirent. Mais la Montespan coûta gros. On a une idée des sommes fabuleuses gaspillées pour elle, lorsqu'on apprend par Feuquières, que cette favorite « superbe et orageuse » perdit au jeu, jusqu'à sept cent mille écus dans une seule nuit.

Mme de Soubise ne revint pas à meilleur marché que la Montespan. « C'était une femme rousse, âpre au gain, dont le mari, caché dans la coulisse, savait tout, encourageait tout à la cantonnade, et pour prix de sa complaisance, recevait la pluie d'or dans son manteau. »

Et Mlle de Laval, qui accoucha d'une fille du roi, « que l'encre de la signature de son contrat de mariage n'avait pas encore séché » il fallut la doter bien grassement pour la faire épouser au sceptique Roquelaure.

Et Mlle de Fontange, qui, venue à la cour sans autre richesse que sa beauté et son audace, « semait ensuite à pleine main tous les trésors de la terre et brûlait le pavé dans son carrosse à huit chevaux. »

Enfin Mme de Maintenon, la dépourvue et avide veuve de Scarron, qu'il fallut enrichir, sans compter le coût des liaisons éphémères, telles que Mlle de Ludre, chanoinesse de Poussay, que Louis XIV aima une nuit ou deux à l'ombre d'une abbaye, et délaissa ensuite comme un « haillon. »

Outre les maîtresses, il fallait payer les entremetteuses et les entremetteurs, les comtesses de Brancas et les ducs de Larochefoucauld, «pourvoyeurs de l'alcôve de Sa Majesté.»

Il y avait aussi les bâtards à doter ; et ils ne furent pas peu nombreux.

Comme appoint, venait encore la dépense des fêtes aussi splendides que galantes qui se succédaient sans interruption à Versailles, « cette citadelle du despotisme pudiquement déguisée en palais » dont la construction avait englouti deux milliards.

En résumé, Louis XIV fut si royalement galant et glorieux, il gaspilla tant de milliards dans l'alcôve comme sur les champs de bataille, qu'il réduisit la France à une détresse semblable à celle de l'an mil.

La famine désolait des provinces entières ; en Dauphiné, par exemple, ou mangeait du pain de gland et des racines ; en Bourgogne, de l'herbe.

Et par-dessus tout cela, la banqueroute !

Aussi fit-on des feux de joie à la mort de Louis XIV.

Roi formé à l'école de la molle régence, Louis XV, moissonna moins de lauriers que son aïeul ; par amour de la paix à tout prix, il signa le honteux traité d'Aix-la-Chapelle, qui nous coûta le port de Dunkerque ; celui de Paris, qui nous dépouilla de nos colonies, et enfin, il laissa s'accomplir le criminel partage de la Pologne. Mais en fait de galanterie, il ne dérogea point, il surpassa même Louis XIV. La comtesse de Mailly et sa sœur, Mlle Poisson, dite de Pompadour ; Jeanne Vaubernier, la prostituée, faite comtesse du Barry, peuvent l'attester.

En quoi Louis XV dépassa surtout Louis XIV, ce fut dans la création du Parc-aux-Cerfs. La galanterie du *Roi-Soleil* n'avait pas été jusqu'à imaginer ce sérail modèle, pourvu par les soins de la police, et dont le coût ne dépassa pas de beaucoup vingt millions, ce qui n'est pas trop cher relativement aux cent millions que coûta à elle seule la Pompadour, « cette curiosité de ruelle. »

Maintenant, si la faim fit un peu moins de victimes sous Louis XV que sous le « grand roi, » ce ne fut pas de sa faute à lui, car il avait adhéré au fameux *pacte de famine*, dans le but d'affamer le peuple pour l'opprimer plus facilement et, du même coup, faire une spéculation avantageuse sur la hausse des grains.

Il est superflu d'ajouter que Louis XV fit aussi sa banqueroute.

Louis XVI, homme rangé, simple, bon père et bon époux, eût pu passer pour le phénix des Bourbons, si les papiers secrets découverts aux Tuileries, dans l'armoire de fer, ne l'eussent accusé hautement d'avoir conspiré contre la France avec les émigrés et l'étranger, crime qu'une terrible expiation ne saurait atténuer.

Les monarques du siècle contemporain n'ont pas été meilleurs que ceux des époques moins avancées.

L'ambition dominait Napoléon Ier au point qu'il ne reculait devant rien : ni le meurtre du jeune et innocent Condé, ni l'empoisonnement des malades de son armée d'Egypte, qui embarrassaient sa marche, ni l'abandon et le sacrifice d'un demi-million d'hommes dans les plaines glacées de la Russie, etc.

Louis XVIII acheta sa couronne contre la honte de rentrer en France en croupe derrière un cosaque ; il fit ensuite ou laissa faire la *Terreur blanche.*

Charles X prit dans les poches du peuple un milliard pour enrichir les émigrés ; il viola une charte jurée, et, pour imposer de force ses ordonnances liberticides, fit massacrer pendant trois jours, par des troupes mercenaires, la population parisienne révoltée! Il alla tranquillement ensuite cuver le sang français à Holyrood.

Louis-Philippe, qui s'était déclaré *roi citoyen, plus républicain que Lafayette*, et avait promis que sa monarchie serait la meilleure des républiques, trahit odieusement plus tard la Révolution de 1830, escamota la liberté et fit impitoyablemement égorger les républicains.

Cabet décrit une de ces scènes d'égorgement : « C'est le le 28 juillet 1832 !... C'est la nuit !... Ils viennent de pleurer sur les tombes de leurs amis, de leurs frères, des martyrs de la liberté !... Ce sont des jeunes gens, des étudiants aux cœurs brûlants de patriotisme !... Ils s'arrêtent, ils chantent..... — Venez sur le pont d'Arcole, leur disent des voix inconnues, vous y serez mieux. — Ils y vont... Ils sont trente environ... Une femme est avec eux ; elle chante la *Marseillaise*... Ils répondent en cœur : *Allons enfants de la patrie*... Ils sont à genoux et découverts... Elle chante encore : *Amour sacré de la patrie... Liberté, liberté chérie !...* « Tout à coup, plus de chants... Un grand tumulte, des cris de victimes : « De grâce, au nom du ciel, achevez-« moi !...» Le bruit de corps jetés dans la rivière... Puis, un effrayant silence... Et le lendemain, le pont lavé pendant la nuit... Des traces de sang sur le plancher, du sang sur le fer de la rampe, du sang dans les rues adjacentes... Ciel ! que de sang ! que de blessés ! que de morts !... Que sontils devenus ?... Hier à cette heure, on a vu des sergents de ville embusqués... Guettaient-ils leur proie ?... La justice ne répond pas !... Epouvantable mystère !... Mais, qu'entends-je ?... *Ils ne feront plus d'émeutes !* — Ecoutons ; *Figaro* va parler : *La République a fait le* PLONGEON !... *La République* NAGE ENTRE DEUX EAUX. »

De semblables horreurs, renouvelées plus d'une fois, parurent néanmoins insuffisantes à Louis-Philippe pour assurer la sécurité du trône ; il y ajouta la corruption érigée en système gouvernemental ; puis enfin, il voulut donner pour base à sa dynastie le déshonneur de sa nièce, la duchesse de Berry, mère du comte de Chambord, qu'il fit publiquement accoucher en prison, plusieurs années après la mort du duc de Berry, pour montrer, par cet enfant d'aventure, venant après l'enfant du miracle, à quels amendements radicaux le principe de la légitimité est exposé.

Napoléon III, dépassant de beaucoup Louis-Philippe, atteignit à l'apogée des turpitudes les plus infâmes et les plus criminelles, au Deux Décembre, à Sedan, en maintes occasions.

Il y a un enseignement, mon cher Jean Guêtré, dans ce long tissu des crimes de la monarchie. Les monarques étant faits, comme on dit vulgairement, « du même bois » que les autres hommes, pourquoi sont-ils plus mauvais ? C'est, il semble, qu'étant trop haut placés au-dessus des lois, une sorte de vertige s'empare d'eux ; n'ayant presque pas de frein dans leur pouvoir, ils se croient tout permis.

Dans une autre position, les rois, les empereurs n'eussent peut-être fait aucun mal ; et tel monarque, détestable au Louvre ou aux Tuileries, eût peut-être été un Washington à la Maison-Blanche.

La conclusion serait donc que les institutions monarchiques engendrent les crimes, comme les friches engendrent les mauvaises végétations, l'euphorbe malsain et l'ivraie funeste.

Ton ami,   Pierre VALIN.

Lyon, le 1er avril 1877.

LES BROCHURES

DE LA

Bibliothèque de JEAN GUÊTRÉ

sont en vente chez l'auteur, rue de la Barre, 12, à Lyon, au prix de :

3 fr. les 50 exemplaires.

4 fr. id. id. rendus *franco* par la poste.

Envoyer en paiement un mandat ou un chèque à vue à l'ordre de M. Pierre VALIN.

BROCHURES PARUES :

Les Péchés mignons de la République
Les Crimes de la Monarchie

POUR PARAITRE PROCHAINEMENT

LES

TURPITUDES de NAPOLÉON III

LYON. — TYP. Vᵉ F. LÉPAGNEZ, PETITE RUE DE GUIRE, 10

www.ingramcontent.com/pod-product-compliance
Lightning Source LLC
Chambersburg PA
CBHW061902080726
47597CB00010BA/4362